MY FIRST ROMANIAN BOOK

ROMANIAN-ENGLISH BOOK
FOR BILINGUAL CHILDREN

 www.RaisingBilingualChildren.com

ALFABETUL

A
ARICI
Hedgehog

Ă
MĂR
Apple

Â
PÂINE
Bread

E
ELEFANT
Elephant

F
FLOARE
Flower

G
GĂLEATĂ
Bucket

J
JUCĂRIE
Toy

K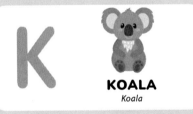
KOALA
Koala

L
LEU
Lion

P
PAT
Bed

Q
QUINOA
Quinoa

R
ROCHIE
Dress

Ț
ȚESTOASĂ
Turtle

U
URS
Bear

V
VEVERIȚĂ
Squirrel

ROMÂNESC

B **BUFNIȚĂ**
Owl

C  **CÂINE**
Dog

D  **DOVLEAC**
Pumpkin

H  **HIPOPOTAM**
Hippo

I **IEPURE**
Rabbit

Î **ÎNGHEȚATĂ**
Ice cream

M **MAIMUȚĂ**
Monkey

N  **NASTURE**
Button

O  **OCHELARI**
Glasses

S **SOARE**
Sun

Ș **ȘARPE**
Snake

T **TORT**
Cake

W **COWBOY**
Cowboy

X **XILOFON**
Xylophone

Y **YALĂ**
Lock

Z  **ZEBRĂ**
Zebra

Animale SĂLBATICE

GIRAFĂ
Giraffe

ELEFANT
Elephant

ZEBRĂ
Zebra

STRUȚ
Ostrich

CĂPRIOARĂ
Deer

URS
Bear

LEU
Lion

VULPE
Fox

Animale DOMESTICE

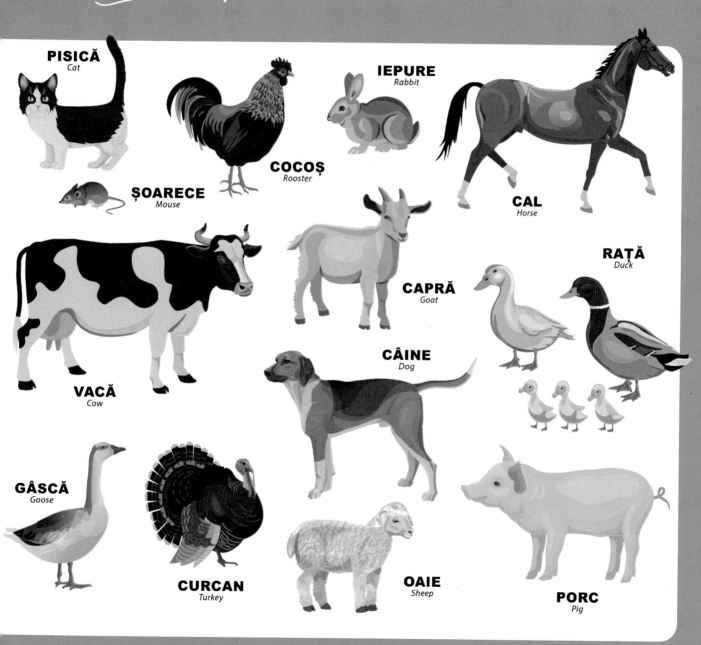

PISICĂ
Cat

COCOȘ
Rooster

ȘOARECE
Mouse

IEPURE
Rabbit

CAL
Horse

CAPRĂ
Goat

RAȚĂ
Duck

VACĂ
Cow

CÂINE
Dog

GÂSCĂ
Goose

CURCAN
Turkey

OAIE
Sheep

PORC
Pig

FORME

CERC
Circle

PĂTRAT
Square

TRIUNGHI
Triangle

DREPTUNGHI
Rectangle

ROMB
Rhombus

OVAL
Oval

SHAPES

INIMĂ

Heart

STEA

Star

CRUCE

Cross

SĂGEATĂ

Arrow

PENTAGON

Pentagon

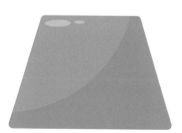

TRAPEZOID

Trapezoid

FRUCTE

MĂR
Apple

BANANĂ
Banana

CAISĂ
Apricot

PRUNĂ
Plum

ANANAS
Pineapple

PARĂ
Pear

PORTOCALĂ
Orange

LĂMÂIE
Lemon

FRUITS

CĂPȘUNĂ
Strawberry

PEPENE
Watermelon

STRUGURE
Grape

CIREȘE
Cherry

COACĂZE
Blueberry

ZMEURĂ
Raspberry

RODIE
Pomegranate

KIWI
Kiwi

LEGUME

ȚELINĂ
Celery

VARZĂ
Cabbage

CEAPĂ
Onion

PORUMB
Corn

RIDICHE
Radish

MAZĂRE
Pea

MORCOV
Carrot

VEGETABLES

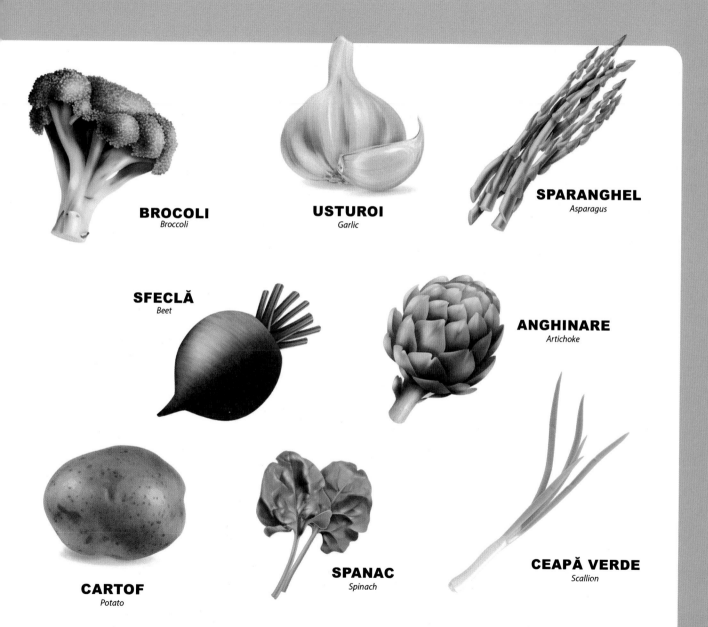

BROCOLI
Broccoli

USTUROI
Garlic

SPARANGHEL
Asparagus

SFECLĂ
Beet

ANGHINARE
Artichoke

CARTOF
Potato

SPANAC
Spinach

CEAPĂ VERDE
Scallion

NUMERE

UNU
One

1

2
DOI
Two

TREI
Three

3

PATRU
Four

4

CINCI
Five

5

ŞASE
Six

6

NUMBERS

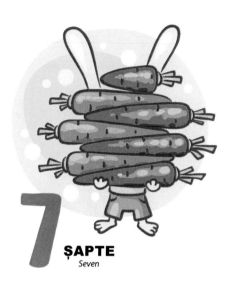

7

ŞAPTE
Seven

8

OPT
Eight

9

NOUĂ
Nine

10

ZECE
Ten

CULORI

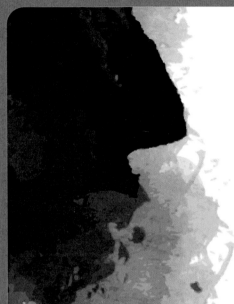

ROȘU

 ROȘIE
Tomato

 **GĂRGĂRIȚĂ**
Ladybug

 CRAB
Crab

 **TRANDAFIR**
Rose

GALBEN

 **CAȘCAVAL**
Cheese

 **ALBINĂ**
Bee

 **GRÂU**
Wheat

 FLOAREA SOARELU
Sunflower

COLORS

VERDE

FRUNZĂ
Leaf

BROASCĂ
Frog

CASTRAVETE
Cucumber

AVOCADO
Avocado

ALBASTRU

BALENĂ
Whale

FLUTURE
Butterfly

BLUGI
Jeans

PEȘTE
Fish

ANOTIMPURI

IARNĂ

PRIMĂVARĂ

SEASONS

VARĂ

TOAMNĂ

CASA MEA

Bucătărie

FARFURIE
Plate

LINGURĂ
Spoon

CEAINIC
Teapot

OALĂ
Stock pot

CEAȘCĂ
Cup

FURCULIȚĂ
Fork

Camera Copiilor

PĂTUȚ
Crib

CUBURI
Blocks

PĂPUȘĂ
Doll

TURNULEȚ CU INELE COLORATE
Stacking rings

MY HOUSE

Baie

CADĂ
Bathtub

PERIUȚĂ DE DINȚI
Toothbrush

PROSOP
Towel

CHIUVETĂ
Sink

Sufragerie

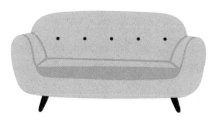

CANAPEA
Couch

FOTOLIU
Armchair

LAMPĂ
Lamp

TELEVIZOR
TV

PROFESII

OM DE AFACERI
Businessman

DOCTOR
Doctor

POMPIER
Firefighter

BUCĂTAR
Cook

PROFESOR
Teacher

PROGRAMATOR
Programmer

PROFESSIONS

POLIȚIST
Policeman

ASTRONAUT
Astronaut

ARTIST
Artist

MUZICIAN
Musician

FOTBALIST
Soccer player

FERMIER
Farmer

TRANSPORT

TRANSPORTATION

AVION
Airplane

ELICOPTER
Helicopter

BALON CU AER CALD
Hot Air Balloon

SEMAFOR
Traffic light

MAȘINĂ
Car

CAMION
Truck

BICICLETĂ
Bike

MOTOCICLETĂ
Motorcycle

MAȘINĂ DE POMPIERI
Fire truck

AUTOBUZ
Bus

AMBULANȚĂ
Ambulance

TREN
Train

SUNETE DE ANIMALE

 **PISICA**
FACE:
MIAU

 **CÂINELE**
FACE:
HAM

 **BROASCA**
FACE:
UAC

 **COCOȘUL**
FACE:
CUCURIGUU

 **GÂSCA**
FACE:
GA-GA-GA

 **RAȚA**
FACE:
MAC-MAC

ANIMAL SOUNDS

VACA
FACE:
MUU

CALUL
FACE:
TROP-TROP

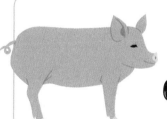

PORCUL
FACE:
GUIȚ-GUIȚ

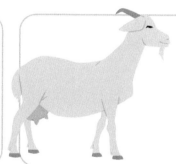

CAPRA
FACE:
BEE

MĂGARUL
FACE:
I-HA-I-HA

ALBINA
FACE:
BÂZZ-BÂZZ

ANTONIME

MARE
Big

MIC
Small

CURAT
Clean

MURDAR
Dirty

CALD
Hot

RECE
Cold

ZI
Day

NOAPTE
Night

OPPOSITES

ÎNALT
Tall

SCUND
Short

DESCHIS
Opened

ÎNCHIS
Closed

LUNG
Long

SCURT
Short

PLIN
Full

GOL
Empty

Thank you very much

It would be amazing if you wrote
an honest review on Amazon!
It means so much to us!

Questions?
Email us <u>hello@RaisingBilingualChildren.com</u>

Anna Young

 www.RaisingBilingualChildren.com

Edition 1.0 - Updated on September 3, 2021

72201655R10019